엘리트 시선 66

오월의 장미

이명선 제2시집

엘리트출판사

오월의 장미

이명선 제2시집

엘리트출판사

□ 작가의 말

두 번째 시집을 펴내며

이 글을 읽어주실 여러분들께 감사의 마음을 전합니다.
고맙습니다.

우리가 살아가는 인생은 본인이 노력으로 내 인생을 나무에 물을 주듯이 하루같이 가꾸고 다듬어 가는 동안에도 어떤 상황이든 위기는 있으나 생각해 보면, 모두가 나에게 주어진 임무이기에 한 걸음씩 전진하며 걸어가듯 오늘도 내일도 쉬지 않고 그렇게 모은 이글이 여러분의 공감을 받을 수 있기를 바랍니다.

제 가슴에 힘을 주시길 소망하며 세 번째 책을 출간합니다.
수필, 『다시갈수 없는 여행』
시집, 『마르지 않는 샘』, 『오월의 장미』

여러분 행복하시고 건강하십시오!

□ 여는 시

오월의 장미

창문을 열면
녹색이 가득한 정원에
덩굴장미가 화사하게
향기를 뿜으며
오월이라고 미소 짓고
정원엔 이름 모를 풀꽃들

나도 청춘이라고
뽐냄이 애교스럽다

이들의 청춘이 오늘
나에게도 청춘은 있었다
지금은 오늘이 청춘일까?

꿈 많든 젊은 시절은 어디로
나도 새로운 옷 입고
향기 뿜으며 걷고 싶다.

차례

.... 이명선 제2시집

작가의 말: 두 번째 시집을 펴내며   04
여는 시: 오월의 장미   05
평론: 고독을 이겨낸 사랑과 실존적 자아 성찰(張鉉景 문학평론가)   114

1 봄이 오는 소리

꽃길 … 12
새로 온 봄 … 13
세월 … 14
묻고 싶은 말 … 15
삶 … 16
사랑이란 이름 … 17
우산 속 봄비 노래 … 18
새 아침 … 20
한 마리 새 … 21
봄이 오는 소리 … 22
추억 마음 … 23
초록빛 인생 … 24
어제 그 어제는 … 26

오월의 장미 ·· 차례

2 천사의 선물

이런 사내 ⋯ 30
훨훨 훨 ⋯ 31
행복 나누기 ⋯ 32
하늘땅만큼 ⋯ 33
참다운 여행 ⋯ 34
그대 이름은 바람 ⋯ 36
사랑 ⋯ 37
갈 수 있는 곳 ⋯ 38
고행의 나날 ⋯ 39
젊은 당신 ⋯ 40
생명의 보존 ⋯ 41
밤비 오는 날 ⋯ 42
천사의 선물 ⋯ 44
입고 싶은 옷 ⋯ 45
찜통 삼복더위 ⋯ 46
달아 밝은 달아 ⋯ 48
먹구름 낀 하늘 ⋯ 49

차례

이명선 제2시집

3 희망을 주는 사람

행복이란 것! … 52
낙엽이 지는 이유 … 53
가을바람 … 54
만남이란 것 … 55
이별 … 56
눈물 … 57
그리움 … 58
어느 시월의 날 … 60
가을 … 61
가시나무 눈물 … 62
낙엽 지는 길목 … 63
Y에게 … 64
희망을 주는 사람 … 66
바람의 노래 … 67
취하면 보고 싶은 사람 … 68
아, 가을인가 봐 … 70
내장산 단풍 … 71

오월의 장미 ··

4 첫눈 오는 날

말이 씨가 된다 … 74
살아 볼만한 세상 … 75
마라톤 인생 … 76
외로움이란 … 77
첫눈 오는 날 … 78
하얀 나라 … 79
귀중한 선물 … 80
속삭임 … 81
등대 … 82
상사화(相思花) … 83
머리에 꽃 하나 꽂고 … 84
거룩한 선물 … 86
나 혼자의 여행 … 88
나 외롭다고요 … 89
그 자리 내 모습 … 90
그리움이어라 … 91

차례

이명선 제2시집

5 개성집 할머니

사랑하는 마음 … 94
우리 할머니 … 95
신년의 선물 … 96
개성집 할머니 … 97
우리는 부부 … 98
아름다운 미소 … 100
외로운 날 … 101
마지막 간 길 … 102
같이 산다는 것 … 103
사라진 시간 … 104
가족 … 105
내 고향 … 106
성 다른 가족 … 108
이름 없는 요물 … 109
종착역 … 110
짝꿍이란! … 111
섶다리 옆에서 … 112

1

봄이 오는 소리

햇빛 쏟아지는 거리
여인의 옷깃에 봄의 소리가 배어나고
목에 스치는 실크 머플러의 바람
춤추는 봄의 여인이다

꽃길

하늘엔 꽃구름
땅엔 발길 닿는 곳마다
눈길 가는 곳마다
녹색과 꽃이 만발!

자연이란 어찌
세상에 온 것일까?
하늘의 뜻이란
헤아릴 수 없는 하나님 뜻.

새로 온 봄

세월은 새로운
봄옷을 갈아입고
봄바람으로
나부끼고 있다

그러나 나는
지난봄이 그립고 아쉽다
준비되지 않은 세월
하루라도 젊음을 유지

가고 싶지 않은 길이다
가는 세월 잡지 못해
흘러만 가듯
나도
흐르는 물이 된다.

세월

창밖은 사월의 봄
산수화가 만발하고
봄바람도 제철을 만난 듯
옷깃을 나부끼게 해
발걸음도 사뿐사뿐

내 인생도 봄일까?
머리가 파뿌리인 지금
봄 향기 찾으러 길 떠나도
행선지를 정하지 못해
길목 한복판에 우두커니!

묻고 싶은 말

조용한 밤이 오면
나는 세상에 묻고 싶네!
가슴을 활짝 열어 희망을!

아름다운 노래를 부르며
꿈도 꾸며
새처럼 훨훨 날아
오색 무지개 피는 꿈길을.

삶

어두운 밤

무거운 밤의 정적이
덮여 올 때 믿지 못할
인생의 체중이

지쳐 쓰러진 나의 생 위에
하나의 샛길도 없이 조여든다

그러함에 아 아, 나는
인생의 비애를 가슴속 깊은 곳에
한 아름 간직한다

생과 삶!

사랑이란 이름

당신은 말했지요
사랑이란 말로
내 곁에 오시기 위해

장지 손가락을 깨물어
하얀 접시에 혈흔을 담을 테니
당신에게 글을 써달라고

뭐라고 쓸까요?
서툰 내 말
가슴으로 오시라 쓸까?
영혼으로 오시라 쓸까?

사계절 변치 않는 청솔나무
가지 위에 아침 이슬 되어 오시길
사랑이란 이름으로 기다린다고….

우산 속 봄비 노래

봄비가 내리는 날
누군가 뒤에서 나를
불러 세울 것 같은 기분
홀로 받쳐 쓴 우산 속

머리 들어 하늘을 쳐다보니
숱한 가로등 불빛에 빗방울은
백진주 보석처럼 방울이 되어
우산 위로 흘러내린다

혼자 걷는 것보다
같이 걸을 수 있는 그런 길동무
보석을 나누어 가질
그런 사람 떠올린다

모든 빌딩도 깔끔히 세안을 한다
나만의 공간 속에서 쓴 미소로
사랑과 추억의 뒤안길에 오늘 밤

추억에 젖어들어 보는 나
빗소리 애절함도 흘러내린다.

새 아침

무겁게 얼어 있던 시간
희망의 깃발 하나 꽂힌다
새봄이 눈앞에 보일 듯
가까이 잡힐 듯하다

높은 하늘에 흰 구름도
새로운 희망의 그림을 그리고
우리 마음에도 꽃봉오리 필까
새 사람을 만나는 그날

봄 향기 가득 피울 그날은
사랑으로 다가올 그 사람은
아침의 햇살을 안고
마음을 열고 귀를 열고 오시길….

한 마리 새

봄바람이 옷깃으로
살랑살랑 불어오는 봄 봄

파란 하늘에 구름의 부름으로
하늘 높이 꽃처럼 피어오르고

내 몸에 날개를 달아
정처 없이 날고 싶다.

봄이 오는 소리

햇빛 쏟아지는 거리
여인의 옷깃에 봄의 소리가 배어나고
목에 스치는 실크 머플러의 바람
춤추는 봄의 여인이다

봄의 소리에 이끌려 밖으로
나뭇가지마다 두 팔 벌려 하늘을 본다
꽃놀이 맞은 여인의 꽃바람도 분다
당신과 나를 부르는 봄의 소리

봄의 소리는 세상을 노래한다
거울이던 냇물도 만져 달라
노래하며 나를 부르고 손짓한다
이는 하늘이 주는 사랑이리라.

추억 마음

일 초전만이라도
내님 생각에
촛불 심지 모양
타오르던 연정의 불꽃

그것이 첫사랑
사랑이던 줄을
아니도 잊힙니다

일 초전만이라도
내 임 생각에
심호흡 멎을까
가슴 쓸어내리던 그때

그것이 첫사랑
사랑이던 줄을
아니도 잊힙니다.

초록빛 인생

높은 하늘이
뭉게구름 꽃을 피우며
하늘에 거침없이 수놓은
그림은 토끼와 사슴을
미완성으로 표하듯
나를 닮은 모습이다

긴 인생길에서 낡아 보지 못한
미완성 그림
내 인생의 그림을 보는 듯
황금빛 노을 속에
흔적이 없이 사라지고

우리들은
코로나19로 입을 봉하고
만남도 뒤로하고
세상과 두절된 하루하루

어제처럼 지나간 날들이
옛날이야기가 되지 않기를
기원하는 우리들의 소망
열망과 기도 그리고 희망
초록빛 그날을 기도 합니다.

어제 그 어제는

어제, 어제, 그 어제는
수천 날의 그 어제 그 하루
단 하루인 어제
그날의 나를 나는
찾고 싶고 만나고 싶다

꽃바람이 불던 날
불같은 정이 흐르던 그날
그 어제 태양이 뜨는 내일보다
가슴 아파 몸부림친다

그 어제 내 생애 어제는
최초의 내 남자가
생긴 날이다

내게도 그런 날이 있었다
눈부시게 흰 드레스에
핑크빛 카네이션

카네이션을 든 내 손은 떨리고
행복은 이렇게 온다고 외치던
그 행복을 어디에서
잊어버렸을까

비바람에 흔적 없이
천둥 치고 떠났지만 내게도
그런 날이 있었다
그런 날이 있었다.

이명선 제2시집

오월의 장미

천사의 선물

이른 아침 참새들의
노랫소리에
단잠을 깨어보니
천사가 창문 밖에 서 있다

이런 사내

벚꽃 같은 향을
품고 있는 우직한 사람

하모니카를 사랑하며
아코디언 연주에 능숙하고
어깨가 넓은 사나이

축구를 사랑해
버스보다 빨리 뛸 수 있는
그런 남자

가슴보다 넓은 인내심
그런 사내
내가 선호하는 진짜 사내!

훨훨 훨

오늘도 동해에는
뜨거운 태양이 떠오르고

우리의 인생도
생의 진입을 향하고
나도 움직이고 있다

하루의 시작이며
결실을 맺기 위한 진입
나는 몸이 무거워 진입이 힘들고

두려워 훨훨 날고 싶다
날개를 단 새가 되고 싶다.

행복 나누기

가슴속 깊은 곳에는
누구나 사랑이 움틀 수 있는
싹이 곱게 도사리고 있다

그럼에도 우리는 간직만 하고
나누는 습관에 인색하다

앞만 보고 뒤를 볼 줄 모르는
우리의 습관이 문제가 되는 것

내 가슴속 마음의 밭에
사랑의 씨앗을 올봄에는 가슴속 깊이
듬뿍 심어서 물도 열심히 주고
많은 싹이 자라도록 키워서

내 사랑하는 지인에게 꽃모종을
나누어주고 사랑의 꽃을 가슴에
한가득 피워 보고 싶다.

하늘땅만큼

밤하늘의 별처럼
많은 사람 사이에
길동무되어
내 곁에 있어 줄 사람

저 높은 하늘 아래
이 넓은 땅 위에
고독의 불모가 되어
나 홀로 가는 길

하늘만큼 땅만큼
누군가를 사랑한 죄
그것이 지금
나 홀로 가는 길.

참다운 여행

나는 서서히 여행을
떠나려 합니다

누군가를 알아 간다는 것은
아주 긴 여행을
떠나는 것 같습니다

하늘에서 은비가 내리듯
다이아몬드 같이 현란한 빛
에메랄드 같은 고귀한 빛을 찾아

이것이 사랑의 빛이라면
나는 참다운 여행에서
그를 만나야 합니다

깊이깊이 사랑의 뿌리를
내리기 위해서 여행을 떠납니다

오, 임이시여 당신은
백마를 탄 나의 왕자입니다
내 가슴의 용광로 속으로
백마를 타고 들어오세요

그 누구도 뺄 수 없는 사랑의
뿌리를 깊이 내 안에
내릴 것입니다.

그대 이름은 바람

그대 이름은 바람
아침 창문을 열면
싸늘한 바람이 내 온몸을

싱그러운 사랑으로
온몸을 감싸 안는다

싱그러운 풀잎이 주는 행복감
비둘기의 구구 노랫소리
당신은 바람
행복을 주는 전도사

우리 인생을 노래하고
모든 세상살이를
봄여름 가을 겨울

바람이란 부는 모양이
모두 다르며
우리 인생의 길잡이가 된다.

사랑

사랑이란 것은
꿀보다 달콤하고

사랑이란 것은
신선한 무아의 세계

사랑이란 것은
너와 나의 눈동자 안에서

사랑이란 것은
두 사람의 가슴에 있을 때 보물

사랑이란 것은
뚜껑을 열면 이내 변색이 되고

사랑이란 것은
유통기한 짧은 통조림 같은 것.

갈 수 있는 곳

어디라도 좋다
내가 갈 수 있는 곳이면
여행을 떠나 많은 문화를 접하고

유적지를 답사해서 폭넓은
우리의 유래를 배우고 싶다

걸어서 갈 수 있는 곳
먼바다 해안의 수중 수면이
넘실대는 그곳은 내게는 지구의 끝

벼랑과 지구의 양면이라고 머릿속에서
생각의 유랑에서 멈추라 한다

나는 짐승도 인간도 아닌
네 발로 내 한 몸 실어 대서양을
마음과 고뇌의 촛불을 밝혀

수면으로 올라 보려는 이 야욕의 끝은
허구가 아닌 본능이며 인간의 절규.

고행의 나날

어제 같은 오늘
내일 같은 오늘
나날이 인생 고행이라고
길고 긴 반복 속에서
번개 소낙비 내린 후

맑은 태양이 떠오르면
마음의 창문을 열고
그리움의 창문도 연다

살아왔던 어제
오늘 같은 내일
산다는 것이 행복이라고
반복된 날의 오늘도
번개 소낙비 내린 후

머리 세운 풀잎 모양으로
싱그러운 마음을 열고
오늘은 행복을 맞이하련다.

젊은 당신

젊음이여 그대의 이름은
동해에 떠오르는 태양

태양처럼 뜨거운 열기로
토해내는 젊음으로 두 팔 벌려

황금빛을 빛내는 젊음으로
너의 꿈을 펼쳐 거목임을

강철 같은 꿈을 안은 당신
저 빈민의 외침의 처절함에

귀 기울여 오늘의 서민 외침 된
세상을 창조하는 가슴으로

끌어안아 하나임을 인정하는
뜨거운 사랑을 안겨 주기를.

생명의 보존

칠월 생명의 애절함에
슬피 울어

매미의 허물 속은
텅 비어 날개만 남기는가

수년 방랑 생활에 병들어
우수와 꿈은

시든 들판을 헤매며
떠돌고 있는가!

밤비 오는 날

처량하게 밤비가
내리면 마음이 허전하고
기다리는 사람도 없는데

창문을 열고 턱을 두 손으로
괴고 생각에 잠긴다

어린 시절
한남동에 살던 때는
근교에 개울이 있었는데
비 오는 날 맨발로
물놀이를 하면

붕어가 둥둥 떠내려오고
동생이랑 서로 잡으려
물장난을 했다

어린 시절
천진스러운
꿈같은 시절을 우리는
할매가 되고 할배가 되어

새로운 나라를 찾아가려고
준비하며 뜬구름의 시간을
보내고 내일을 기다린다.

천사의 선물

이른 아침 참새들의
노랫소리에

단잠을 깨어보니
천사가 창문 밖에 서 있다

반가운 마음에
창문을 열어보니

천사는 나에게
햇빛을 방안 가득히 주었다

나도 천사에게
선물을 해야 한다

숲과 해맑은 물처럼
바람과 자연을 아끼며 살자.

입고 싶은 옷

아름답고 귀한 옷
항시 그리워하던 옷

수많은 옷 중에 그립고
탐나던 옷 하나 있다

그 사람의 옷은 모두가
취향이 다르듯 색채가
다르고 디자인이 다르다

내 옷은 어떤 옷인가
내가 입고 싶은 옷은
그 옷은 작가란 이름의 옷

수만 가지의 사랑과 눈물을
노래하는 아름다운 이름
작가.

찜통 삼복더위

찜통이란 말이
실감 나는 이 더위

지구 열대화 시대인
것인지 나만 더운 것도
아니고 무덥고 뜨거운 더위다

지구가 더워진 것?
우리가 살면서
지구를 오염시킨 것?

생활에 필요한 모든 것이
오염의 주범이 되는 오늘
일상화를 우리가 생각하며 살자

우리 체온과 닮은 날씨
문명이 발달할수록 지구를
오염시키고 북극의 얼음이
녹아내린다

별 하나 나 하나가
그리운 밤이다.

달아 밝은 달아

달 밝은 밤이면
너는 어디서 왔느냐
네 이름은 무엇이냐

나는 보름달이지
수없이 묻고 뛰어놀던 시절
무엇이 그리도 좋았을까?

인생이란 고난의 연속이란 걸
모르던 시절 소년 소녀들이
황혼의 길목에 서서

무슨 생각을 하며 살까?
어디서 늙어가고 있을까?

건강하고 아프지 말기를
사랑하고 행복하기를.

먹구름 낀 하늘

구름 속에 갇힌 태양처럼
내 속에 낀 먹구름을 닮아

태양의 빛을 감추고
장마의 빗방울이 흘러
머리에서 발끝까지
흘러내리고

끝나지 않은 빗줄기에
마디마다 온몸 가득히
밀려오는 썰물의 고통이

누군가의 손목이 그리운 날
두 손을 내밀어
다가올 그 사람.

이명선 제2시집

오월의 장미

3

희망을 주는 사람

눈보라 폭풍이 쳐도
나는 설 수 있습니다
당신의 사랑이 있기에
비바람 불어도
나는 설 수 있습니다

행복이란 것!

행복은 나 자신이
만들어 가는 것이라면

얼마나 자신의 노력이
필요한 것인가

우리의 생을 지도하시는
주님의 섭리가 있으심으로

모든 생이 영유하게 되는
은혜의 뜻이 아닐까요!

낙엽이 지는 이유

가을이 오면
바람도 제철을 만나

말라버린 나뭇가지는
바람결에 내려앉으며

고고했던 자신을
내려놓듯이

우리도
내려놓는 아름다움을
배워야 하지 않을까?

가을바람

가을바람 소리는
무더운 여름
지친 우리의 마음과 머리를
식혀주는 감칠맛과 심신을
달래주는 특효의 비타민

달빛과 별빛도 선명히
우리의 눈빛을 윤나게 하며

마음속에 숨어있던 사랑도
바람을 타고 향기를 뿜으며
유혹하는 계절 사랑의 계절

서산에 지는 저녁노을
고개 숙인 갈대는 우리의
인생을 대변하는 모습

산다는 것은 부초 같은 것
너와 나 오늘도 사랑하며 살자.

만남이란 것

우리의 만남이란

행복한 만남도 있고
불행을 초래하는 만남도
진실한 믿음도 있다면

그대와 만남은

어떤 마음과 사랑
가슴으로 전하는 애틋함
스스럼없는 두 마음!

이별

볏짚으로 새끼를 꼬듯이
볏짚으로 지붕을 엮으며
볏짚으로 바닥을 깔고

내 생각 안으로
깊이 전류가 흐르고 감당 못한
외길 속 한 사람의 그 이름

그 이름을 쌓으려
내 것으로 만들기 위해
혼신의 힘으로 사랑하며

살아온 그 많은 날이
이처럼 뼈아픈 추억으로 남아
바닷속에 빠지는 시련으로 남았나.

눈물

눈물
애절한 가슴 표현을 나타내는 것

눈물
말로 할 수 없는 사랑의 표현

눈물
첫사랑같이 예고도 없는 것

눈물
우리의 생애 가장 위대한 통역관

눈물
마음속에 타는 불을 재로 만드는 것

눈물
당신과 나의 가슴속 폭포수.

그리움

어디서인가
가만히 속삭이며
들려오는 소리는
설렘과 외로움

내 가슴 한복판에
메아리가 되어
살며시 사라진 그리운 소리

어디서인가
임의 목소리처럼
들려오는 소리에
내 가슴은 방망이질 치고

반가움으로 벅차
내 두 발은 감전된 듯
땅바닥에 붙어 움직이지 못하네

어디서인가
메아리 되어
들려오는 소리
그것은 내 임의 목소리

나는 당신을 그리다
내 심장이 멎을 것 같소
임이시여, 신비스럽고
아름다운 그리움을
나에게 주십시오.

어느 시월의 날

시월은 매년 찾아오는데
그 시절의 시월은 아니다
그 시월의 젊은 꿈은
어디로 사라진 것일까

화려하고 예쁜 바람이 그리워
깊은 호흡을 마셔 봐도
찾을 수 없는 내 인생길과도 같다
바람에 날아갔을까?
물과 구름처럼 흘러갔을까?

나는 오늘도 아쉬움에
가슴이 저려온다

이 몸이 살아 있다는 것과
어제 같았던 화려했던 그 시월
돌아갈 수 없는 그 시절
아~아 시월이여!

가을

창밖은 사월의 봄
산수화가 만발하고

봄바람도 제철을 만난 듯
옷깃을 나부끼게 해
발걸음도 사뿐사뿐

내 인생도 봄일까
머리가 파뿌리인 지금

봄 향기 찾으러 길 떠나도
행선지를 정하지 못해
길목 한복판에 우두커니….

가시나무 눈물

내 안에 내가 커서
빈틈이 없어
당신이 가까이 오지 못하나요

밤이 지나고 동이 트면
당신은 소식 없이 오실지
기다리는 마음이 가시 돋아
장미는 죽어가고 있죠

내 가슴 안에 사랑이 작아
빈틈이 커서
당신이 가까이 오시지 못한다면

당신은 눈물로 긴 밤 속에서
가시나무 꿈속으로 오시어
소식 기다리는 장미 품속에
새벽의 이슬로 안기십시오!

낙엽 지는 길목

오색이 쌓인 낙엽 길
빨간 단풍 노란 은행잎
빨간 치마에 노란 저고리
아름다운 자태로 다가온다

옛날부터 아리한 아가씨
참새처럼 사랑을 노래 부르는
누나 여동생의 아름 사랑이다

빨간 단풍잎은 정열의 잎
노란 은행잎은 포근한 시트
피곤한 내 몸을 감싸 안으며
아름아름 사랑을 속삭인다

나뭇잎은 고난의 세월은 노래하고
노란 은행잎 빨간 단풍잎 낙엽을
우리 인간들 밟고 지나간다.

Y에게

똑똑 똑
낙엽을 밟으며 찌푸린
가을 하늘을 향해
뽀얀 입김을 내뿜는다

Y, 너는 그 누구
나에게 어떤 의미?
무디게 밝아 가는 이 발걸음은
한 걸음 한 걸음
너에게 가까이
다가가지 못하는
내 마음은 빈곤

빨간 단풍잎처럼
멍들어 가는 내 가슴을
너에게 보여 주려는 미로

똑똑 똑
외로움의 종지부처럼
한 걸음씩 걷다 보면
Y, 너의 얼굴은
내 얼굴에 밀착돼 오고
내 얼굴은 어느새 네가 되어서

하나가 되고 나는 행복 속에서
가슴 설레고 아주 밀착된 네가 되어
Y, 너로 인하여
나는 아주 큰 영혼의 문 앞에 달한다.

희망을 주는 사람

눈보라 폭풍이 쳐도
나는 설 수 있습니다
당신의 사랑이 있기에

비바람 불어도
나는 설 수 있습니다
힘을 주는 사랑이 있기에

당신이시여 진정
내 이 사랑을 영감 하시어
애절한 내 사랑을 저버리지 마오

사랑한다는 말은 하지 않아도
내 곁에 안주하시어
옆자리에 내 손이 닿는 곳에

당신이 있어 주길 나는
어린아이가 어머니의
젖가슴을 그리듯 간절히 그립니다.

바람의 노래

찬바람 소리가
나뭇가지 사이로 숨어들면
바람에 저항하는 가지는
소리쳐 보지만

너에게 저항 못해
땅바닥에 몸부림치는 갈잎

오가는 발길들
마지막 바람에 생명을 잃은 나는
뭇사람들의 발길에 승복하고
마지막 신음 소리로

너와 나 교향곡 연주와
눈물로 노래하는 갈잎과 바람.

취하면 보고 싶은 사람

만나면 즐겁고
만나면 행복한 사람!
더욱 보고픈 때는
취하면 생각나는
사람이 그는 나라고 말한다

나는 그에게 어떤 의미일까?
사랑, 의리, 우정, 모자(母子) 지간?

내 손을 꼭 잡아 주면
나는 구름 위에 앉은 기분!
가슴을 열면 사람의 향기
막걸리 한잔에 생각나는 사람

그 사람이 나라고 하는 말에
가슴이 찡하게 울린 그 말!
가슴이 저려온다

그의 가슴속 외로움
세상과의 싸움 배신으로
살아온 피나는 외로움을
한 걸음씩 냇물에 씻어내
앞날에는 희망 열정 태양이!

하늘이시여!
그의 앞에 애정 가득한
행복 깃발이 펼쳐지길….

아, 가을인가 봐

하늘은 물감을 풀어놓은 듯
구름 한 점 없다
바닷물을 닮은 듯

하늘은 외롭지도 않을까?
친구인 구름이라도 부르지
우수에 잠겨

평온을 사랑하며
가상을 자랑하고 있다
아, 가을의 평온함이여!

가을바람을 타고
나도 마음껏 기상을 뽐내고 싶다.

내장산 단풍

맑은 하늘에는 흰 구름
땅에는 오색 단풍
건강하고 힘찬 걸음들

바다에는 새하얀 물거품
눈부신 붉은 저녁노을
내장산의 절경 아름다워라

이곳이 천국
잠들어 있던 내 영혼도
깨어나는 느낌이네

그럼에도 우리의 일상이란
세상앓이로 다가오네
쫓기며 살아가는 인생들

너도 나도 오늘의 이 정기로
행복과 건강한 삶을 가득 안고
새로운 내일로 출발하기를.

이명선 제2시집

오월의 장미

첫눈 오는 날

**창밖에 하얀 눈송이는
꽃송이가 되어 하나님의
선물로 우리에게
보내지는 것 같다**

말이 씨가 된다

생각한 대로
느낀 대로
세상을 살아가는 것이다

그러기에 입턱이
대덕이 된다는 속담
모두 아름다운 말말 말

자식에게 좋은 말
어른에게 인사를 하는 법
부모 모범이 가정교훈

교과서가 되는 진리
머리에 부은 물
어디로 발밑으로!

살아 볼만한 세상

산다는 행복과
사랑 인내심
나눔의 마음과 협심
나를 표현해라

모두 그늘진 어두운 곳에
숨지 않을 것
내 발은 전진의 출입문

인생은 내 노력
만들어 가는 것이라면
비 오는 날 눈 오는 날

나를 세워 밤낮없이
전진이란 두 글자
노력의 역사는 이루어진다
세상이란 살아볼 만한 것!

마라톤 인생

레이스에서 출발 시점은
우리 모두 같은 모습이지만

두 각이 될 수도 있고
각자의 모습은
나의 책임이 된다

내 인생은 본인이
만들어 가는 것이기에

여러 가지 고뇌와 투쟁
인내의 열매는
짜릿함과 희열
나 자신만이 가질 특권!

외로움이란

사람과 사람 사이
고립된 현실
독거노인들이 대부분인
요즘 나를 찾아주는 인맥

가족이란 관계가 우선
인생의 최고 외로움은
혼자라는 자각의 슬픔이다
나는 혼자가 아님을 인식해라

너와 나 사랑의 단절
이것이 인간의 고독이고
그 외로움이 나를 고립이란
고독사로
큰 사회 문제를 두각 시킨다.

첫눈 오는 날

창밖에 하얀 눈송이는
꽃송이가 되어 하나님의
선물로 우리에게
보내지는 것 같다

어디에서 이 고운 꽃을
만날 수 있을까?
우리 대한민국 금수강산
뚜렷한 사계절 우리나라

나뭇가지에도 하얀 꽃이
만발하고 뭇사람들의
발길이 머물고

감동의 눈길
이것은 하나님의 은총으로!

하얀 나라

밤사이 온 세상이
하얀 백설이 만발해
지붕을 덮고

땅 위에는
나뭇가지마다
흰옷을 입고 방긋이 웃고

누가 이런 천국을
만들어 놓은 것일까?

하늘에 계신 아버지의
은혜로
우리에게 새로운
선물을 주신 것.

귀중한 선물

우리가 잠들어있는
밤사이에

하나님께서는
귀중한 선물을 우리에게
보내주셨다

나뭇가지마다
새하얀 꽃을 피우시고

온 누리가 겪고 있는 세계가
코로나19
모든 지구의 공해.

속삭임

아주 작은 소리로 내 눈이
속삭이듯 말합니다

멀리 여행을 가고 싶다고
가슴도 크게 소리 내어 뛴다

하늘을 닮은 파도가 있는 곳
그립다고 나도 가고 싶은 곳.

등대

어둠이 까맣게 내려앉은 밤
홀로 서 있는 등대 사이로
외로움과 물거품만 밀려온다

별빛도 없는 이 고독한 밤
홀로 서 있는 등대처럼 까만 밤
바람이 쏴하고 파고든다

파도가 밀려오며 외치는 노래는
소나타로 높은 파도가 고음인데
흰머리 거품 날리며 다가온다

빛이 사라진 망망대해 안긴 슬픔이라
인맥의 인연을 지나 찾아 줄
여명이 오면 끝나 주려나 이 기다림.

상사화(相思花)

동백이 피면
그 사람이 두고 간 흔적이
물안개 되어
내딛는 발걸음을
등 뒤에서 잡네

그대는 향기를 남기고
끈적한 손바닥에 여운으로 남아
꼭 쥔 내 손안에
눈물이 잡힌다

어찌하면 좋을까
소낙비 같은 이 눈물

내 두 발이 땅에 붙어
움직일 줄 모르네
그는 그리움의 덩어리.

머리에 꽃 하나 꽂고

먹구름이 가득 찬 하늘에는
눈물이 가득 주책없이 무섭게 토해내고
나도 두 볼에 쉴 새 없이 비가 흐른다
코트에 우산을 받쳐 쓰고
걷고 싶다 정처 없이

가을의 마지막 끝자락에서
오늘같이 비 오는 날
우산 대신 도롱이라도 걸치고
머리에 꽃 하나 꽂고라도
내 두 발로 걷고 싶다

먹구름과 가을비
하늘과 땅이 노래하는 우람함에
햇살이 그리운 날이다
있을 때는 소중함을 모른다

색색가지 우산과 씩씩한 걸음들
반복된 시간 인생은 그렇게 흘러
부초처럼 떠돌다 여기까지 왔는데

오늘같이 비 오는 날
황혼의 끝자락에서 어찌하여
머리에 꽃 하나 꽂고라도
내 두 발로 걷고 싶다.

거룩한 선물

밤사이 하나님께서
밤새워 일하시어
선물을 주셨다

나뭇가지마다
하얀 꽃을 피우시고
온 누리의 모든 공해와
코로나19를 잠재우시려
새하얀 눈으로 우리에게
방부제를 선물로 보내 주셨다

소중하고 감사함을 모르고
자연을 무시하고 살아온
꿈같은 나날로
입을 봉하고
등 돌리고 쌓아 가는
나날들이

우리의 잘못이란 걸
뼈저리게 느끼며
반성의 시간은 가고 있다

아버지의 은혜를
온 누리에 내려 주소서
아, 옛날이여!

나 혼자의 여행

무더운 날씨 삼복
속 시원히 비라도
짜증 나는 날 양철지붕 같은
무더운 여행이 그리운 날

날개가 그리운 날이다
피터 팬이 될 수는 없을까

시원한 바다 아니면
알프스산맥 나 혼자의 꿈
환각의 여행을 상상의 날개를
두 눈을 꼭 감고 떠나 볼거나

날아라 꾸어라 꿈
피터 팬이 될 수 있는 희망의 꿈.

나 외롭다고요

마음을 나누어 가질
인간미 풍기는 사람 맛을
느끼고 젖 냄새나는 그런
사람 냄새가 그립습니다

지금 가려 하는 길은
처음 가는 길 어디가 어딘지
방향이 없는 길

누구에게 묻지도 못하며 방향이
다르고 알려 줄 수도 없는 길

그곳은 꽃피는 길일까?
사막의 벌판일까? 처음 가야 하는 길
오르막 내리막 낭떠러지 걸어온 몸

지금 또 생소한 길
내가 감내하고 가는 길
그래서 외롭다고요 나는!

그 자리 내 모습

변하는 세상 속에서도
늘 그 자리에 서 있는 나무처럼
우리의 인생도 제자리를
지키고 서 있는 사람이 진국

먼지 쌓인 거울을
깨끗하게 닦으면 언제든지 밝게
미소 짓든 그 얼굴이
나에게는 그리운 얼굴

삼십 대의 그 모습 내 얼굴
몇십 년 그 많은 날 하루같이
충성을 다하고 좋은 향을 주었으나
충성의 보람도 없이

어찌하여 덕을 쌓지 못하고
고속도로가 뚫리고 갈림길이 생겨
자의로 신호등 없는 길목이 되어
거울 속에서 어설피 웃고 있는 나!

그리움이어라

오늘도 나는 임의 숨소리에
하얀 밤을 지새우며 당신께
표현을 못 하고 그저 내 생각

임에게 표현도 아무것도 없음은
무슨 까닭인가요?

그리움이여 내가 할 수 있음은
오로지 침묵의 경지는 아님이다

존귀하다는 표현은 상대를 높여서
부르는 상대의 예우이며 가슴에
담아놓은 내 마음의 표현이다

임에게 보여 줄 수 없는 나만의 예우
무슨 까닭인가요?
그리움이여 내가 할 수 있음은
오로지 침묵의 경지는 아님이다.

이명선 제2시집

오월의 장미

5

개성집 할머니

하얀 모시 적삼에
연두색 모시 치마 쪽진 머리
단아하고 작은 몸매는
나에게는 어머니요 할머니!

사랑하는 마음

우리가 살면서
어제 같은 오늘
오늘 같은 내일처럼
반복되는 생활이 있듯이

마음을 열고 신년에는
서로서로 아끼는 마음으로
사랑하며 살기를 염원해 본다

마음으로 서로를 소중히
아끼면 너도 나도 사랑이
싹트고 그것이 행복이지
만복도 이것이다

합심이 사랑의 씨앗
씨앗 없는 열매는 없듯이
사랑의 씨앗을 가슴에 심자!

우리 할머니

어디에서도
찾을 수 없는

단아하고
우아한 모습

곱게 반듯이
쪽진 머리

은비녀로
정리된 머리!

신년의 선물

꽃을 한 아름 안겨준 소식
귀중한 선물로 손녀가
졸업식에서 전교 수석으로

졸업을 했다는 소식을 받고
총회장을 한다는 말을
듣기는 했었다
금쪽같은 손녀!

손녀가 늘 하는 말
할머니는 시를 쓰시는데
나는 여 판사가 될 거라고

할미가 응원할게 네 희망을
꼭 이루고 정의를 위해
좀 더 노력하고 발돋음하기를!

개성집 할머니

하얀 모시 적삼에
연두색 모시 치마 쪽진 머리
단아하고 작은 몸매는

여성의 미를 보여주시는
모델 같던 할머니
나에게는 어머니요 할머니!

6·25 동란에 어머니를
여의고 할머니 손에
우리 남매는 할머니의
막둥이로 성장을 했고

오늘에 이르러 생각을 하면
내 가슴에 꽃사슴을
심어주신 할머니!

우리는 부부

항상 그 자리에
늘 그렇게

스스럼없이 어색함 없이
청포도 같은 싱싱함으로
당신이 있는 그 자리에
내가 있고

내가 있는 옆자리에
당신이 있어야 하듯이
세월이 흘러 등 굽어지고
작아진 키에 주름진 얼굴

조금 더 굵은 주름진 얼굴
호박꽃 웃음으로
서로의 얼굴을 바라보며
두 사람의 마음속에서

너무도 많이 늙은 우리 모습에
가슴 아파하는 우리 두 사람
서로의 그림자인 우리

높은 그곳도 같이 갈 사람
그래서 우리는 부부입니다.

아름다운 미소

행복을 누리려면
아름다운 미소를
상대에게 선사 하자!

가장 아름다운 미소는
세상과 마음까지 녹인다

내가 먼저 웃으면
상대는 더욱 환한 미소로
사랑을 전달해 답한다

이 세상에서 가장 예쁜 꽃은
우리가 짓는 미소 꽃이다.

외로운 날

끼니를 거른 날처럼
가끔은 배고픔처럼
옆구리 허전한 허기가 있다

나도 너도
외로운 나그네
생이란 생긴 모양이
네모도 아니고 세모도 아닌
그저 존재하기 위해 있는 것

아침이 오고 낮과 밤
존재하는 물처럼 바람처럼
인생 나그네로 살지만
내 빛깔의 삶을 찾고 싶다

흘러간 시간 속에서
애틋한 어울림의 시간이
영화 속 필름처럼 다가와
허기를 크게 많이 느낀다.

마지막 간 길

깊은 밤 꿈길 찾아온 손님
행복해 보이던 그 모습
하루를 맞이하는 이른 아침
한 번도 내게 보여 주지 않은
멋진 그 모습이

어디를 향해 가는지
방향을 잃고 떠난 당신
그 길은 따라가지 못하는 길

젊음의 혈기를 자랑하려
애쓰던 그 모습이 내 눈앞에 있거늘
하루아침 세상이 달라진
갈 길이 서로 다른 우리 두 사람

기다리는 어리석음은 접고
미련 없이 뒤돌아보니 마시고
새로운 청춘으로 당신이 되길!

같이 산다는 것

한 지붕 한 가족으로
혈통을 이어가던 우리 대한민국
3대가 한 지붕 밑에 살던 시대

지금 생각하면 우리의 그 시절이
가정교육으로는 최고로 생각된다
할아버지 할머니 부모님

여러 형제들은 사회생활의
첫걸음으로 시작되고
내가 섬겨야 할
어른과 형제들의 사랑은

양보심이 싹트게 하며
넓은 세상에서 아름답게 사는 법
내가 최고가 아닌
겸손함이 배움이 되던 교육.

사라진 시간

사라진 시간 속으로
당신이 다가오네
성큼성큼 한 걸음 두 걸음

내 걸음은 뒤로
하늘빛과 바닷빛이
마주 이어진 구름 속에서
당신은 그 위로 걸어오네

행복이란 이름 찾으러
그러나 당신은 길이 달라져
나는 그 걸음을 맞추기 힘들고

사라져 간 추억 속에
고목처럼 바라만 볼 뿐
눈초리도 맞추지 못합니다

같이 할 수 없는 이 시간이
동화 속 주인공이 되어
추억 속으로….

가족

함께이기에 즐거운 가족
함께이기에 행복하고
닮아서 사랑스러워 웃고

서로를 바라보고 엄마 아빠
거울이기에 행복합니다

엄마를 닮은 딸이기에
아빠를 닮은 아들이기에

같은 마음으로 꽃도 피고
꿈도 같은 꿈을 꿀 까요?
갖고 있는 생각은
서로 달라도….

내 고향

가파른 고갯길 등성이 넘어
시냇물 돌다리 건너 외딴집
쓰러질 듯 넘어질 듯 서 있는
대문도 없는 돌담집

그곳은 내 어머니가
멀리 살고 있는 자식을 기다리며
오늘도 앞산에 넘어가는 해를
넋 놓고 바라보는
주름진 손등으로 눈가를 더듬는 곳

햇빛 내려앉는 봄이면
새 소리 시냇물 소리 어떤 악기도
필요 없는 실바람 소리

이름 모를 꽃
녹색이 장관인 마을
사랑하는 나의 어머니!

내 영혼을 실어 주신 그 어머니
긴 하루를 망부석인 양 귀 기울이며
서성이는 모습은 곧 들려올

지식의 외침 어머니!
치달아 달려오는 자식들 모습.

성 다른 가족

딸 시집보내면
백년손님 맞이하고
아들 장가보내면 며느리에게 주는 것
나는 두 날개 접힌 새

사랑으로 키워 준 딸인데
가슴으로 받고
내 이상의 모든 것 비웠다

꽃나무 가족 구성 며느리
귀한 손녀 손자는 우리 집 꽃나무
꽃봉오리 핀 우리 가족
새로운 사랑으로 두 손 꼭 잡자.

이름 없는 요물

내 가슴을 울리는 너를
요물이라 나는 부를까?

밤이나 낮이나 너를 찾아
수많은 시간을 쉴 새 없이
걷기도 하고 뛰기도 한다

요물 같은 너를 만나려
우리 모두 소리 없는 빛
너를 찾으려 헤매며

빛이라고 내 인생
빈 공간 속에
너를 초대하려
오늘도 뛰고 또 뛴다.

종착역

인생의 종착역 앞에서
나는 하늘을 바라본다

내 고향을 그리워하며
잠시 여행을 온 생활 속에서
무거운 짐을 지고 산다

내 고향에 가는 날이
하루빨리 다가오기를
저 먼 곳 그 고향은 하늘나라
내 육신의 옷을 내 던져 버리고
짐도 없이 갈 수 있는 곳이다

내 몸이 가벼워지고 영혼이
훨훨 날아 영혼의 고향

그곳에 가면 하늘에 계신 분
아버지와 새 생활을 할 때
날개를 달고 가벼운 몸으로 살리라.

짝꿍이란!

하루도 만나지 못하면
궁금하고 무엇을 잊은 듯
옆구리가 시리던 그 사람
어찌해 잊어버린 것일까
찾고 싶어 섧구나!

우리의 인생사 모두가
속절없이 흘러가는 것
따뜻하고 정겨운 그 이름
생전에 한 번 만나볼 수 있을까?
아른대는 정겨운 그 얼굴

밤사이 안녕이란 말 말
요양병원 너도나도 무관할 수 없다
마지막으로 그곳을 꼭 들려 가는 곳

이 세상 미련 버리시오
짝꿍의 사랑은 이런 사랑인 것.

섶다리 옆에서

내 마음속 섶다리앞 오솔길은
초록이 물든 청솔 길
오르락내리락하며
길고 여울진 길을 넘나들고 있다

영원히 갖지 못할 그 이름
지금도 내가 너이고
너는 나인데 그게 바로 너인데
오직 내 마음뿐이고 지금은
깊은 사랑 길을 넘나들고 있다

언제 너는 나를 알까
내 머리가 백발이듯
네 그 머리는 흰 눈이 쌓이는 날이 오면
그때 어른대는 어미의 모습
깊은 사랑을 넘나들면 그때 알까나.

□ 평론

고독을 이겨낸 사랑과 실존적 자아 성찰
- 이명선 시집 『오월의 장미』

張 鉉 景
(시인·수필가, 문학평론가)

□ 평론

고독을 이겨낸 사랑과 실존적 자아 성찰
― 이명선 시집 『오월의 장미』

張 鉉 景
(시인·수필가, 문학평론가)

1. 글 머리에

한강 하류에 군락을 이룬 실버들, 봄이면 하늘하늘 휘늘어져 상춘객을 부르고, 시샘 강물은 넘실거려 한 폭 그림을 그린다. 강변에 피어 있는 철쭉꽃의 그윽한 향기를 맡으며, 이명선 시인의 시 세계를 그려본다. 사담 시인은 시력(詩歷)은 길지 않지만, 유년 시절부터 글쓰기를 좋아하였을 뿐 아니라, 젊은 시절에도 책과 객관적인 거리를 유지하며 내적 성찰과 관조(觀照)에 의한 존재의 탐구에 심혈을 기울여 왔다.

사담 시인은 2017년 청계문학 여름호에 수필부문 신인상을 수상하였고, 같은 해 가을호에 청계문학 시 부문 신인상에 당선되었다. 2018년 가을호에 수필부문 청계문학상 본상을 수상하였다. 대다수 원로 시인은 '시를 잘 쓰기 위한 비법은 없다.'고 말한다. 즉 체험을 통한 창작연습과 반복된 퇴고, 깊은 사유와 따뜻한 시각의 성찰이 중요하다고 했다. 그리하여 이명선(李明善) 시인의 시들은 대체로 소박하고 있는 그대로의 진실과 자연의 아름다움을 표현하고 있어 읽기가 쉽다.

사담 시인은 우리말의 아름다움을 나름대로 잘 드러내어 서민의 감정을 깊이 있게 다루고 있다. 또한 광복과 6·25 전쟁을 통하여 궁핍한 삶의 상징인 보릿고개를 뼈저리게 겪으면서 자신의 체험을 중심으로 쉬우면서 가슴 깊이 새길 수 있는 시로 표출했다. 창조된 작품을 생산하기 위해 애를 써온 이명선 시인의 수필집 『다시 갈 수 없는 여행』을 2021년에 발행하고, 시집 『마르지 않는 샘』은 2023년에 출간되었다. 이명선 시인의 세 번째 작품집 『오월의 장미』가 상재되어 우리 인생살이에 기쁨을 더하고 아름답게 그리고 희망을 품게 하고 있다.

2. 성찰(省察)의 눈빛과 고뇌의 즐거움

하늘엔 꽃구름
땅엔 발길 닿는 곳마다
눈길 가는 곳마다
녹색과 꽃이 만발!

자연이란 어찌
세상에 온 것일까?
하늘의 뜻이란
헤아릴 수 없는 하나님 뜻.

-- 「꽃길」 全文

  곰곰이 생각해 보니 완벽에 가까운 이 이미지즘 시(詩)를 한 편의 아름다운 선시(禪詩)로 읽고자 한다. 그래서 이 시에 비평은 하고 싶지 않다. 선(禪)은 본래 말로써 할 수 없는 언어도단의 경지요, 불입문자가 아니던가. 한 마디 덧붙이면, 화자의 금후에 시의 길을 예견케 하고 있다.

  서두에 당신이 하는 일은 하늘엔 꽃구름, 땅엔 발길 닿는 곳마다 헤아릴 수 없는 하나님의 뜻이 있다고 해 놓고, 사람에겐 갈등을 해소시키고 변화를 일깨우고, 늘 미소 짓는 모습을 보여주고 있다. 시인은 사물과 대화를 나눌 수 있어야 한다. 슬플 때 꽃잎에 말을 걸고, 꽃잎이 전하는 말을 들을 수 있는 귀가 열려있어야 한다. 시인이 던져주는 메시지는 한 번 시들어도 다시 피어날 수 있다는 것이다.

> 창문을 열면
> 녹색이 가득한 정원에
> 덩굴장미가 화사하게
> 향기를 뿜으며
> 오월이라고 미소 짓고
> 정원엔 이름 모를 풀꽃들
>
> 나도 청춘이라고
> 뽐냄이 애교스럽다
>
> 이들의 청춘이 오늘
> 나에게도 청춘은 있었다
> 지금은 오늘이 청춘일까?
>
> 꿈 많든 젊은 시절은 어디로
> 나도 새로운 옷 입고
> 향기 뿜으며 걷고 싶다.
>
> -- 「오월의 장미」 全文

대부분 시인은 자연을 시적 교감의 대상으로 접근한다. 자연은 서정의 산물인 동시에 평생 시를 쓸 수 있을 만큼 풍부한 소재를 계절 따라 제공한다. 자연과의 교감을 통해 어디선가 감성의 물을 퍼마시며 갈증을 해소하는 희열을 맛볼 것이다. 그렇지 않다면 항상 목말라 지치고 힘든 창작의 길을 걸어갈 수밖에 없을 것이다.

화자는 장미꽃을 소재로 간결하게 시를 썼지만, 느끼는 메시지는 독자들의 관심을 심도 있게 불러일으키고 있다.
'창문을 열면/ 녹색이 가득한 정원에/ 덩굴장미가 화사하게/ 향기를 뿜으며/ 오월이라고 미소 짓고/ 정원엔 이름 모를 풀꽃들'이 나도 청춘이라고 향기 뿜으며 뽐냄이 매우 애교스럽지 않은가!

    가슴속 깊은 곳에는
    누구나 사랑이 움틀 수 있는
    싹이 곱게 도사리고 있다

    그럼에도 우리는 간직만 하고
    나누는 습관에 인색하다

    앞만 보고 뒤를 볼 줄 모르는

우리의 습관이 문제가 되는 것

내 가슴속 마음의 밭에
사랑의 씨앗을 올봄에는 가슴속 깊이
듬뿍 심어서 물도 열심히 주고
많은 싹이 자라도록 키워서

내 사랑하는 지인에게 꽃모종을
나누어주고 사랑의 꽃을 가슴에
한가득 피워 보고 싶다.

-- 「행복 나누기」 全文

  행복 나누기에서 이 시인의 미래를 꿈꾸는 행복한 모습을 그려본다. 시인에 따라 행복의 개념이 다르고, 행복을 느끼는 감정도 다르다고 할 수 있다. 이명선 작가가 느끼는 행복은 소박하다. 이 땅에 태어나 사랑해 주는 가족이 있어 행복하고, 시를 사랑하는 친구들과 함께할 수 있어 행복하다고 했다. 이런 경지를 느끼게 하는 이 시인의 행복은 오늘을 살아가는 이들에게 행복의 지표를 잘 말해주고 있다.
  시인은 친구 삼기를 하면서 다양한 모습으로 교제하고 싶다는 심정을 역설적으로 표현하여 시적인 기교가 노련해 보인다. 자신이 만나는 친구가 다양한 모습이기를 바라는 것이 아니라 자신이 변화된 모습으로 다가서서 그의 친구가 되어주겠다는 것이다. 이 얼마나 아름다운 모습이 아닌가!

사랑이란 것은
꿀보다 달콤하고

사랑이란 것은
신선한 무아의 세계

사랑이란 것은
너와 나의 눈동자 안에서

사랑이란 것은
두 사람의 가슴에 있을 때 보물

사랑이란 것은
뚜껑을 열면 이내 변색이 되고

사랑이란 것은
유통기한 짧은 통조림 같은 것.

-- 「사랑」 全文

행복(幸福)은 사람들이 보편적으로 추구하고 바라는 것이지만, 그것을 얻기 위한 방법은 다양하다. 작가는 말하기를 행복이란 물질적인 조건이나 환경에 따라 얻어지는 것이 아니라 인연을 맺고 있는 사람들끼리 서로 사랑하며 나누며 살아가는 데 있다고 말한다. 그리고 화자는 그 사랑을 위의 시에서 심도 있게 나름대로 표현하고 있다. 연마다 한 줄 한 줄 쓰인 시가 시적 긴장이나 절제의 멋을 나타내고 있어 아름답고 진솔하다.

    하늘은 물감을 풀어놓은 듯
    구름 한 점 없다
    바닷물을 닮은 듯

    하늘은 외롭지도 않을까?
    친구인 구름이라도 부르지
    우수에 잠겨

    평온을 사랑하며
    가상을 자랑하고 있다
    아, 가을의 평온함이여!

    가을바람을 타고

나도 마음껏 기상을 뽐내고 싶다.

-- 「아, 가을인가 봐」 全文

　시제가 참으로 예쁘고 아름답지 않은가! 보통 가을이라고 하면 낙엽 늙음 등을 부상시켜 부정적 분위기를 조성하는데, '하늘은 물감을 풀어놓은 듯/ 구름 한 점 없다'고 하여 감동이다. '바닷물을 닮은 듯/ 하늘은 외롭지도 않을까?/ 친구인 구름이라도 부르지/ 우수에 잠겨' 에서 슬픔을 자아내고 있다. '평온을 사랑하며/ 가상을 자랑하고 있다/ 아, 가을의 평온함이여!'를 승화시켰다. '가을바람을 타고/ 나도 마음껏 기상을 뽐내고 싶다.'고 하였다.

어디서인가
가만히 속삭이며
들려오는 소리는
설렘과 외로움

내 가슴 한복판에
메아리가 되어
살며시 사라진 그리운 소리

어디서인가

임의 목소리처럼
들려오는 소리에
내 가슴은 방망이질 치고

반가움으로 벅차
내 두 발은 감전된 듯
땅바닥에 붙어 움직이지 못하네

어디서인가
메아리 되어
들려오는 소리
그것은 내 임의 목소리

나는 당신을 그리다
내 심장이 멎을 것 같소
임이시여, 신비스럽고
아름다운 그리움을
나에게 주십시오.

--「그리움」 全文

　보편적으로 시를 쓰는 시인들은 타인의 작품을 건성으로 읽는 습관이 있다. 하지만, 일반 독자들은 그렇지 않은 경우가 있다. 자신이 좋아하고 존경하는 작가가 쓴 작품이라면, 어떤 깨달음을 느낄 때까지 반복해서 읽는 경우가 있다. 작가가 쓴 글의 위치에까지 파고들어 가, 깨달음을 통한 지혜를 건져 일상의 지혜로 활용하고자 한다.

 이는 작품에 대한 그리움을 오래 간직하고자 하는 습성이 있기 때문이다. 화자는 부르짖는다. '나는 당신을 그리다/ 내 심장이 멎을 것 같소/ 임이시여, 신비스럽고/ 아름다운 그리움을/ 나에게 주십시오'라고. 오늘날 독자들은 시의 본질이나 내용을 추적하지 않고 외형적인 겉을 취하는 경향이 있기 때문이다.

> 가파른 고갯길 등성이 넘어
> 시냇물 돌다리 건너 외딴집
> 쓰러질 듯 넘어질 듯 서 있는
> 대문도 없는 돌담집
>
> 그곳은 내 어머니가
> 멀리 살고 있는 자식을 기다리며
> 오늘도 앞산에 넘어가는 해를
> 넋 놓고 바라보는
> 주름진 손등으로 눈가를 더듬는 곳

햇빛 내려앉는 봄이면
새 소리 시냇물 소리 어떤 악기도
필요 없는 실바람 소리

이름 모를 꽃
녹색이 장관인 마을
사랑하는 나의 어머니!

내 영혼을 실어 주신 그 어머니
긴 하루를 망부석인 양 귀 기울이며
서성이는 모습은 곧 들려올

지식의 외침 어머니!
치달아 달려오는 자식들 모습.

-- 「내 고향」 全文

 고향에서의 포근함과 인생의 정한을 폭넓게 바라보는 시인의 작품은 고향을 그리워하는 정감의 시가 눈길을 끈다. 작가의 개성은 물론 고향의 그리움을 생생하게 드러내고 있다. 사담 시인의 시는 누구나 공감할 수 있게 어린 시절 고향의 정경에 대한 추억과 그리움을 아름답게 구사하고 있다. 시인의 그 맑고 순수한 시심은 고향의 잔잔한 파도 소리와 함께 화자의 시적 아름다움을 성숙시킨 원동력이 되었다. 사담 시인은 흔들림 없이 산수(傘壽)가 넘도록 시를 추구하고 시와 수필을 써 왔다. 험난한 시대를 살아온 화자의 시 정신을 높이 평가하며 독자의 한 사람으로 그녀의 시를 읽게 되어 참으로 기쁘다.

3. 맺음말

사담 시인은 자연의 순응, 삶의 순리를 느낌으로 감지하고 있다. 그래서 시인의 글은 잘 읽힌다. 사담의 글은 무리하지 않으며 인위적으로 어떠한 사실을 억지로 끌어오지도 않고, 그렇다고 자신의 감정을 과도하게 포장하지도 않는다. 그래서 붓 가는 대로 썼다는 표현이 적합할 정도로 스스럼없이 잘 읽힌다. 화자는 이런 기본기를 갖추기 위해 얼마나 많은 시간을 사투하고 공존하려 했는지 짐작이 간다.

문학이란 진정 무엇인가! 문학의 역할은 무엇인가? 그 호소력은 강렬한 여운으로 남아 읽는 이의 가슴에 녹아든다. 그래서 문학을 사랑하는 사람들은 아름다운 글 한 편에 행복해하고 공감하게 된다. 이명선 시인의 시(詩) 한 편 한 편에서 보듯 일상의 일들을 겪고 난 후의 깨달음과 달관의 경지에 닿을 듯한 시적 태도가 진솔하게 드러난다. 크게 기교를 부리지 않고 순수 그대로 직관과 관조를 통하여 시상(詩想)을 함축해 내는 솜씨 또한 놀랍다. 시인의 이런 경험에서 우러나오는 시적 구성이 새로운 사유의 심미적(審美的) 서정으로 이어져 독자에게 보는 시각을 넓혀주고 있다.

  이명선(李明善) 작가는 외적으로는 사회적 인식을, 내적으로는 감수성 넘치는 서정을 표현하는 시인이요 수필가이다. 작품을 들여다보면 묵묵히 견뎌내고도 아무 일도 없었다는 듯 태연한 표정으로 집필에 임하는 사담 시인에게 박수를 보내며 화자의 시가 들려주는 따뜻한 목소리에 독자들은 큰 위로를 받을 것이다.

오월의 장미

초판인쇄 2025년 7월 20일 초판발행 2025년 7월 25일

지은이   이명선
펴낸이   장현경   펴낸곳   엘리트출판사
편집디자인   마영임
등록일   2013년 2월 22일 제2013-10호

서울특별시 광진구 긴고랑로15길 11 (중곡동)
전화 010-5338-7925
E-mail : wedgus@hanmail.net

정가 14,000원

ISBN 979-11-87573-50-0 03810